D1848963

MODERNE KÜCHE

—KÜCHENBIBLIOTHEK—

SCHNELL, LECKER & FRISCH

MOEWIG

Inhalt

Feine Toasts & Sandwiches

Feine Filettoasts

Zutaten für 4 Personen

1 kleines Schweinefilet (350 g)
Pfeffer aus der Mühle
50 g Butter
2 EL Mehl
500 ml Fleischbrühe (Instant)
75 g Landrahm
Salz
2 EL mittelscharfer Senf
20 ml Aquavit
8 Scheiben Toastbrot
150 g Champignons
1 Knoblauchzehe
½ Bund Petersilie
200 g Sahne-Camembert (60 % F. i. Tr.)

1. Das Schweinefilet kalt abwaschen, trockentupfen und in 12 gleich dicke Scheiben schneiden, diese etwas flach klopfen und leicht pfeffern.

2. 30 g Butter erhitzen, das Mehl darin anschwitzen, die Brühe zugeben, die Sauce gut aufkochen, den Landrahm unterheben und glatt rühren. Die Sauce mit Salz, Pfeffer, Senf und Aquavit abschmecken. Inzwischen das Brot toasten und auf vier Teller verteilen.

3. Die restliche Butter in der Pfanne erhitzen und die Filetscheiben von beiden Seiten je 1–2 Minuten braten. Leicht salzen, aus der Pfanne nehmen und warm stellen.

4. Die Champignons putzen, die Knoblauchzehe schälen und hacken. Die Petersilie waschen, trockentupfen und fein hacken. Die Champignons und die Knoblauchzehe in der Fleisch-Pfanne andünsten, die Petersilie zugeben.

5. Einen Teil der Senfsauce auf die Toastbrote verteilen. Auf jeweils 2 Toastscheiben 3 Filetscheiben setzen, die restliche Senfsauce darüber geben. Die Champignons darüber verteilen.

6. Den Sahne-Camembert quer schneiden, je 2 Scheiben auf die Toasts verteilen und unter dem Backofengrill kurz überbacken, bis der Camembert zerläuft.

Zubereitungszeit ca. 30 Minuten
Pro Portion ca. 2640 kJ / 630 kcal
E: 34 g, F: 40 g, KH: 30 g

Knuspercroissants mit Käse (Foto)

Zutaten für 4 Personen

- 4 kleine Tomaten
- ½ Gurke
- 8 Blätter Endiviensalat
- je 4 TL Salatcreme und Tomatenmark
- 8 Mini-Babybels
- 4 Körnercroissants (z. B. mit Sonnenblumenkernen, Mohn)
- Salz, Pfeffer aus der Mühle

1. Tomaten, Gurke und Salat waschen und putzen. Die Tomaten und die Gurke in Scheiben schneiden. Die Salatcreme und das Tomatenmark verrühren. Den Käse in Scheiben schneiden.

2. Die Croissants halbieren, die unteren Hälften mit der Creme besteichen, mit Salat, Mini-Babybel, Tomaten- und Gurkenscheiben belegen, salzen, pfeffern und die oberen Hälften darauf legen.

Zubereitungszeit ca. 20 Minuten
Pro Portion ca. 1700 kJ / 410 kcal
E: 14 g, F: 28 g, KH: 26 g

Hähnchen-Sandwiches

Zutaten für 4 Personen

- 3 EL Pinienkerne
- 100 g Mayonnaise
- 100 g Joghurt
- 2 EL Rosinen
- Pfeffer aus der Mühle
- 400 g Hähnchenfilet
- Salz
- 120 g Bonbel
- einige Blätter Römersalat
- 8 Scheiben Toastbrot

1. Die Pinienkerne in einer Pfanne ohne Fett goldbraun rösten. Die Mayonnaise und den Joghurt verrühren. Pinienkerne und Rosinen zufügen und alles pfeffern.

2. Das Hähnchenfilet kalt abspülen und trockentupfen, in Stücke schneiden, salzen und pfeffern und unter dem Backofengrill etwa 15 Minuten knusprig grillen.

3. Den Käse in Scheiben schneiden. Den Salat waschen und trockentupfen. Die Toastscheiben mit der Mayonnaise bestreichen, 4 Scheiben mit Hähnchen, Käse und Salat belegen die anderen Scheiben darauf legen.

Zubereitungszeit ca. 30 Minuten
Pro Portion ca. 2290 kJ / 550 kcal
E: 38 g, F: 26 g, KH: 39 g

Überbackene Birnen-Nuss-Toasts (Foto)

Zutaten für 4 Personen

- 3 EL gem. Haselnüsse
- 80 g weiche Butter
- Salz, weißer Pfeffer aus der Mühle
- 2 Birnen
- 2 EL Zitronensaft
- 8 Scheiben Vollkorntoast
- 4 Scheiben deutscher Butterkäse
- 40 g Haselnusskerne, gehackt
- Minzeblättchen zum Garnieren

1. Die Haselnüsse in einer Pfanne ohne Fett kurz rösten. Mit der Butter verrühren, salzen und pfeffern. Die Birnen waschen, trockentupfen und vierteln, dann das Kerngehäuse entfernen und die Birnen in feine Spalten schneiden, mit dem Zitronensaft beträufeln.

2. Den Backofen auf 200 °C vorheizen. Die Toastscheiben mit der Haselnussbutter bestreichen, die Birnenspalten darauf verteilen.

3. Die Käsescheiben halbieren, den Toast damit belegen. Die Haselnüsse darüber streuen und im vorgeheizten Backofen etwa 10 Minuten überbacken. Mit Minzeblättchen garnieren.

Zubereitungszeit ca. 25 Minuten
Pro Portion ca. 2150 kJ / 510 kcal
E: 14 g, F: 35 g, KH: 37 g

Laugenstangen mit Ei

Zutaten für 4 Personen

- 4 Eier
- 4 Laugenstangen
- 8 Portionen Kiri Kräuter (Schmelzkäse)
- ½ Kästchen Kresse
- 4 Scheiben gekochter Schinken

1. Die Eier in etwa 10 Minuten hart kochen, pellen und in Scheiben schneiden. Die Laugenstangen halbieren und mit Käse bestreichen.

2. Die Kresse abschneiden, waschen und trockentupfen. Die unteren Hälften der Laugenstangen mit Kresse, Schinken und Eischeiben belegen, die oberen Hälften darauf legen.

Zubereitungszeit ca. 15 Minuten
Pro Portion ca. 1800 kJ / 430 kcal
E: 22 g, F: 24 g, KH: 24 g

Leichte Melonentoasts (Foto)

Zutaten für 4 Personen

- 6 Scheiben Dreikorn-Toastbrot
- 1 EL Sesamsamen
- 1 EL gem. Mandeln
- ½ reife Honigmelone
- 6 Scheiben fettreduzierter Schnittkäse (ca. 100 g)
- Halbfettmargarine zum Bestreichen
- Basilikumblättchen zum Garnieren

1. Die Toastscheiben toasten und in Dreiecke schneiden. Sesam und Mandeln nacheinander in einer Pfanne ohne Fett leicht rösten. Mit einem Kugelausstecher aus der Melone Kugeln ausstechen. Die Kugeln entweder im Sesam oder in den Mandeln wälzen.

2. Die Käsescheiben diagonal halbieren. Die Toastdreiecke mit der Margarine bestreichen und mit dem Käse belegen. Die Brotdreiecke mit den Melonenkugeln belegen, mit Basilikum garniert servieren.

Zubereitungszeit ca. 25 Minuten
Pro Portion ca. 940 kJ / 225 kcal
E: 10,5 g, F: 12 g, KH: 19 g

Fruchtige Kräuterbaguettes

Zutaten für 4 Personen

- 1 Kräuterbutter-Baguette (a. d. Kühlregal, 175 g)
- 2 Babyananas
- 6 kleine Scheiben Käse
- 3 Bananen
- 250 g dünne Scheiben Frühstücksspeck
- 1 EL Speiseöl
- Cayennepfeffer

1. Den Backofen auf 180 °C vorheizen Das Kräuterbutter-Baguette nach Packungsanweisung backen und in Scheiben teilen.

2. Ananas schälen, in Scheiben schneiden, auf die Baguettescheiben verteilen und mit Käse belegen. Im vorgeheizten Backofen etwa 5 Minuten gratinieren.

3. Die Bananen schälen, in 4 cm große Stücke schneiden und mit dem Speck umwickeln. Das Öl in einer beschichteten Pfanne erhitzen und die Bananen darin rundherum knusprig braten. Mit Cayenne würzen und zum Baguette servieren.

Zubereitungszeit ca. 30 Minuten
Pro Portion ca. 3370 kJ / 800 kcal
E: 14 g, F: 63 g, KH: 46 g

Delikate Lachsbrote

Zutaten für 4 Personen

- ½ Pk. Brunch (100 g, cremiger Brotaufstrich)
- 1 TL Sahnemeerrettich (a. d. Glas)
- Salz, weißer Pfeffer aus der Mühle
- 3 EL Preiselbeeren (a. d. Glas)
- 1 TL mittelscharfer Senf
- einige Blätter Friséesalat
- 20 g Feldsalat
- 4 Scheiben Räucherlachs
- 4 Scheiben kräftiges Vollkornbrot
- Dillblüten zum Garnieren

1. Den Brunch mit dem Sahnemeerrettich glatt rühren und mit Salz und Pfeffer pikant abschmecken.

2. Die Preiselbeeren mit dem Senf verrühren. Den Salat putzen, waschen und gut abtropfen lassen.

3. Die Räucherlachsscheiben halbieren. Die Brotscheiben mit der Meerrettichcreme bestreichen und ebenfalls halbieren. Jede Brothälfte mit etwas Frisée- und Feldsalat und einer halbierten Lachsscheibe dekorativ belegen.

4. Je 1 Teelöffel der Preiselbeer-Senf-Sauce darauf geben und die Lachsbrote mit Dillblüten garniert servieren.

Zubereitungszeit ca. 10 Minuten
Pro Portion ca. 836 kJ / 200 kcal
E: 14 g, F: 7 g, KH: 20 g

Variationen

Belegen Sie die Brote mit 1 in Stücke geschnittenen geräucherten Forellenfilet. Anstatt mit Preiselbeer-Senf-Sauce können die Brote auch mit deutschem Kaviar oder Forellenkaviar garniert werden.

Käse-Gurken-Sandwiches mit Walnussbutter (Foto)

Zutaten für 4 Personen

Für die Walnussbutter:

- 100 g weiche Butter
- 50 g Walnusskerne
- 1 TL Birnendicksaft oder Honig
- Salz, Pfeffer aus der Mühle

Für die Sandwiches:

- 8 große Scheiben Kastenweißbrot
- einige Salatblätter
- ½ Salatgurke, in Scheiben
- 150 g Weichkäse mit Edelschimmel, in Scheiben
- 20 Walnusskerne

1. Die Butter schaumig rühren. Die Walnusskerne im Mixer fein mahlen und dazugeben. Mit Birnendicksaft, Salz und Pfeffer abschmecken.

2. Die Weißbrotscheiben rösten und mit der Walnussbutter bestreichen. Die Salatblätter putzen, waschen und trockentupfen. Je 4 Scheiben Weißbrot mit Salatblättern belegen. Die Gurke und den Käse auf die Salatblätter legen. Die Walnusskerne darauf verteilen. Mit den übrigen Toastbrotscheiben bedecken, leicht andrücken.

Zubereitungszeit ca. 20 Minuten
Pro Portion ca. 2790 kJ / 670 kcal
E: 18 g, F: 47 g, KH: 44 g

Schlemmer-Baguettebrötchen

Zutaten für 4 Personen

- 4 kleine Möhren
- 4 Blätter Römersalat
- 8 Mini-Babybels
- 4 Baguettebrötchen
- 8 EL Salatcreme (Fertigprodukt)
- 8 Scheiben Mortadella

1. Die Möhren putzen, schälen, waschen und längs in dünne Scheiben hobeln. Die Salatblätter waschen, trockentupfen und in je 2 Hälften zupfen. Den Käse in Scheiben schneiden.

2. Die Baguettebrötchen halbieren und mit der Salatcreme bestreichen. Die unteren Hälften mit Salat, Möhrenscheiben, Mortadella und Käse belegen. Mit den oberen Hälften abdecken.

Zubereitungszeit ca. 15 Minuten
Pro Portion ca. 2060 kJ / 490 kcal
E: 22 g, F: 29 g, KH: 36 g

Gefüllte Pitabrote (Foto)

Zutaten für 4 Personen

- 500 g Schweineschnitzel
- Salz, Pfeffer aus der Mühle
- Paprikapulver, rosenscharf
- 2 TL getr. Kräuter der Provence
- 1 Knoblauchzehe, fein gewürfelt
- 4 EL Olivenöl
- 100 g rote Zwiebeln
- 4 Blätter Römersalat
- 4 kleine Pitabrote zum Füllen
- 120 g Frischkäse mit Paprika

1. Das Fleisch schnetzeln und mit Salz, Pfeffer, Paprika und Kräutern würzen. Knoblauch im heißen Öl andünsten. Das Fleisch zufügen und knusprig braun braten.

2. Die Zwiebeln schälen und in feine Ringe schneiden. Den Salat waschen, abtropfen lassen und in Stücke zupfen. Die Pitabrote auf dem Toaster aufbacken.

3. Taschen in die Brote schneiden und den Frischkäse hineinstreichen. Mit Salat, Fleisch und Zwiebelringen füllen.

Zubereitungszeit ca. 30 Minuten
Pro Portion ca. 3350 kJ / 800 kcal
E: 45 g, F: 37 g, KH: 71 g

Tomaten-Crostini

Zutaten für 4 Personen

- 75 g Butter
- 1 Knoblauchzehe, durchgepresst
- Salz, Pfeffer aus der Mühle
- 250 g Tomaten
- ½ Bund Basilikum, gehackt
- 1 EL Kräuteressig
- ½ TL Senf
- ½ TL Zucker
- 4 Scheiben Weißbrot
- Basilikum zum Garnieren

1. Die Butter schaumig rühren, mit Knoblauch, Salz und Pfeffer verrühren.

2. Die Tomaten waschen und würfeln. Basilikum, Essig, Senf, Zucker, Pfeffer und Salz verrühren, mit den Tomaten mischen. Das Brot von beiden Seiten dünn mit ⅔ der Knoblauchbutter bestreichen. Je Seite etwa 2 Minuten unter dem Backofengrill bräunen.

3. Tomatenwürfel auf die Brote geben. Restliche Butter darauf verteilen und nochmals kurz unter dem Grill erwärmen, bis diese geschmolzen ist. Anschließend mit Basilikum garnieren.

Zubereitungszeit ca. 30 Minuten
Pro Portion ca. 1080 kJ / 260 kcal
E: 4 g, F: 17 g, KH: 22 g

Verführerische Suppen

Kohlrabi-Cremesuppe mit Brunnenkresse (Foto)

Zutaten für 4 Personen

- 1 Kohlrabi
- 1 große Kartoffel
- 2 EL Sonnenblumenöl
- 1 Fleischbrühwürfel
- 150 g Crème fraîche
- 100 g gekochter Schinken
- 1 Bund Brunnenkresse
- 1 EL Saucenbinder für helle Saucen

1. Die Kohlrabi und die Kartoffel schälen, waschen und raspeln. Das Öl in einem Topf erhitzen und das Gemüse darin andünsten. Mit 750 ml Wasser auffüllen, zum Kochen bringen und den Brühwürfel darin auflösen, etwa 5 Minuten kochen lassen.

2. Die Crème fraîche einrühren. Den Schinken in feine Streifen schneiden, die Brunnenkresse waschen und in einzelne Blättchen zupfen. Beides in der Suppe erhitzen. Die Suppe mit Saucenbinder binden und heiß servieren.

Zubereitungszeit ca. 25 Minuten
Pro Portion ca. 1225 kJ / 295 kcal
E: 9 g, F: 23 g, KH: 12 g

Pikante Chester-Cremesuppe

Zutaten für 4 Personen

- 750 ml Gemüsebrühe (Instant)
- 2 mittelgroße Möhren, in feinen Streifen
- 1 Stange Porree, in feinen Streifen
- 200 g deutscher Chester
- 75 g Frühstücksspeck
- Pfeffer aus der Mühle
- frisch geriebene Muskatnuss

1. Die Gemüsebrühe erhitzen und die Gemüsestreifen darin etwa 2 Minuten kochen. Den Chester in der Suppe unter Rühren mit dem Schneebesen auflösen und so lange weiterschlagen, bis die Suppe schäumt.

2. Den Frühstücksspeck würfeln und in einer Pfanne knusprig auslassen. Die Suppe mit Pfeffer und Muskat abschmecken und mit den Speckwürfeln bestreut servieren.

Zubereitungszeit ca. 30 Minuten
Pro Portion ca. 1540 kJ / 370 kcal
E: 16 g, F: 32 g, KH: 4 g

Waldpilz-Cremesuppe

Zutaten für 4 Personen

je 250 g Pfifferlinge und Steinpilze
1 Zwiebel
25 g Pflanzencreme
500 ml kräftige Hühnerbrühe (Instant)
1 Weichkäse „cremig-sahnig" (200 g)
Salz, weißer Pfeffer aus der Mühle
½ Bund glatte Petersilie

1. Die Pilze gründlich putzen. Die Steinpilze in Scheiben schneiden. Die Zwiebel schälen, fein würfeln und in dem heißen Fett andünsten. Die Pilze zufügen und etwa 4 Minuten bei mittlerer Hitze garen. Ein Viertel der Pilze herausnehmen und zum Garnieren beiseite stellen.

2. Die Hühnerbrühe angießen, alles kurz aufkochen und etwa 4 Minuten leise weiterköcheln lassen. Die Pilzbrühe im Mixer oder mit dem Schneidstab des Handrührgerätes pürieren und anschließend durch ein feines Sieb wieder in den Topf gießen.

3. Den Käse entrinden, würfeln und in die Pilzcremesuppe geben. Alles bei mittlerer Hitze unter Rühren so lange erhitzen, bis der Käse ganz geschmolzen ist.

4. Die Waldpilzsuppe mit Salz und Pfeffer abschmecken und schaumig aufschlagen. Die beiseite gelegten Pilze in die Suppe geben und kurz darin erwärmen.

5. Die Petersilie abbrausen, trockenschütteln und fein hacken. Die Waldpilz-Cremesuppe in tiefe Teller füllen und mit Petersilie bestreut servieren. Dazu Croûtons servieren.

Zubereitungszeit ca. 30 Minuten
Pro Portion ca. 1660 kJ / 400 kcal
E: 34 g, F: 15 g, KH: 15 g

Sommergemüse-Topf mit Hähnchenbrustfilet (Foto)

Zutaten für 4 Personen

- 1 unbehandelte Limette
- 1 EL Olivenöl
- Pfeffer aus der Mühle
- 200 g Hähnchenbrustfilet
- 1 Dose Italienischer Sommergemüse-Topf (à 800 g)
- Salz
- einige Zweige Petersilie oder Basilikum, gehackt

1. Limette waschen, Saft von ½ Limette auspressen, mit ½ EL Olivenöl und Pfeffer verrühren. Hähnchenfilet abspülen, in der Marinade wenden und zugedeckt 5 Minuten ziehen lassen.

2. Sommergemüse-Topf in einem Topf erhitzen. Hähnchenfilet im restlichen Öl in einer Pfanne braten, dann in feine Streifen schneiden, salzen und pfeffern.

3. Eintopf in tiefe Teller geben, Filetstreifen darauf anrichten und Kräuter darüber streuen. Übrige ½ Limette in feine Scheiben schneiden und darauf anrichten.

Zubereitungszeit ca. 15 Minuten
Pro Portion ca. 1620 kJ / 360 kcal
E: 27 g, F: 11 g, KH: 48 g

Käsesuppe mit Krabben

Zutaten für 4 Personen

- 1 Zwiebel
- 1 EL Butter oder Margarine
- 25 g Mehl
- 200 g Edelcreme „Sahne" (Schmelzkäse)
- Salz, Pfeffer aus der Mühle
- frisch geriebene Muskatnuss
- 100 g Krabbenfleisch
- 2 EL gehackte Petersilie

1. Die Zwiebel schälen und fein hacken, im heißen Fett in einem Topf glasig dünsten. Das Mehl darüber stäuben und durchschwitzen lassen. Mit 250 ml Wasser ablöschen. Den Käse unter Rühren darin schmelzen lassen.

2. 500 ml Wasser zufügen und die Suppe aufkochen lassen. Mit den Gewürzen pikant abschmecken. Die Krabben kurz in der Suppe erwärmen. Mit Petersilie bestreut servieren.

Zubereitungszeit ca. 20 Minuten
Pro Portion ca. 970 kJ / 230 kcal
E: 11 g, F: 17 g, KH: 9 g

Kräuter-Käse-Suppe

Zutaten für 4 Personen

2 Zwiebeln

½ Stange Porree

3 EL Butter

2 EL Mehl

1 l Fleischbrühe (Instant)

300 g Edelcreme „Kräuter" (Schmelzkäse)

weißer Pfeffer aus der Mühle

frisch geriebene Muskatnuss

1 Bund Petersilie

4 Scheiben Toastbrot

1 EL Butterschmalz

1. Die Zwiebeln schälen und in sehr dünne Ringe schneiden. Den Porree ebenfalls in dünne Ringe schneiden und waschen. Die Butter in einem Topf zerlassen, die Zwiebel- und Porreeringe darin glasig dünsten.

2. Das Mehl darüber stäuben. Danach mit Fleischbrühe auffüllen, 10 Minuten leicht köcheln lassen, pürieren und durch ein Sieb passieren.

3. Den Käse stückchenweise in die Flüssigkeit geben und darin völlig schmelzen lassen. Mit Pfeffer und Muskatnuss abschmecken. Die Petersilie waschen, trockentupfen und hacken, anschließend unterrühren.

4. Die Toastscheiben würfeln, im heißen Butterschmalz unter Wenden goldgelb braten. Die Suppe in vorgewärmte Tassen füllen. Mit den Brotwürfeln bestreuen.

Zubereitungszeit ca. 20 Minuten
Pro Portion ca. 1880 kJ / 450 kcal
E: 12 g, F: 33 g, KH: 27 g

Tipps

Der Porree kann nach dem Köcheln noch warm direkt im Topf püriert werden. Statt der gerösteten Toastbrotwürfel können Sie 30 g Lachsstreifen in die Suppe geben. Dann sollten Sie die Petersilie durch geschnittenen Dill ersetzen.

Kalte Melonensuppe (Foto)

Zutaten für 4 Personen

1 Honig- oder Netzmelone

1 reife Avocado

Saft von 2 Limetten

1 Pk. Brunch (200 g, cremiger Brotaufstrich)

250 ml trockener Sekt

Salz, weißer Pfeffer aus der Mühle

etwas Tabascosauce

150 g Salatgurke

150 g Paprikaschote

1. Die Melone schälen, halbieren, entkernen und grob würfeln. Die Avocado halbieren, den Stein entfernen, Avocado schälen und ebenfalls grob würfeln. Mit Melone, Limettensaft sowie Brunch mit dem Stabmixer in einem Topf pürieren und durch ein Sieb streichen. Den Sekt einrühren und mit den Gewürzen pikant abschmecken. Etwa 1 Stunde kühl stellen.

2. Die Gurke putzen und waschen. Die Paprika halbieren, entkernen, putzen und waschen, beides fein würfeln. Die gut gekühlte Melonensuppe auf Teller verteilen, die Paprika- und Gurkenwürfel darüber geben.

Zubereitungszeit ca. 25 Minuten
(plus 1 Stunde Kühlzeit)
Pro Portion ca. 1480 kJ / 360 kcal
E: 5 g, F: 27 g, KH: 14 g

Goldwürfelsuppe

Zutaten für 4 Personen

4 dicke Scheiben Kastenweißbrot

100 ml Milch

1 Ei

Salz

50 g Butter

1 l heiße klare Rinderbrühe

Schnittlauchröllchen zum Garnieren

1. Das Kastenweißbrot in 1 x 1 cm große Würfel schneiden. Milch, Ei und Salz mit einer Gabel verquirlen. Die Weißbrotwürfel in die Eier-Milch-Mischung geben und kurz ziehen lassen.

2. In einer großen Pfanne die Butter hellbraun werden lassen, die Brotwürfel hineingeben und goldbraun braten.

3. Die Goldwürfel auf tiefe Teller verteilen, mit der Rinderbrühe aufgießen und mit Schnittlauch bestreuen.

Zubereitungszeit ca. 15 Minuten
Pro Portion ca. 1010 kJ / 240 kcal
E: 7 g, F: 14 g, KH: 22 g

Salate & Gemüsegerichte

Avocado-Geflügel-Salat

Zutaten für 4 Personen

Für den Salat:

200 g Hähnchenbrustfilet
10 g Butterschmalz
Salz, Pfeffer aus der Mühle
2 reife Avocados
4 kleine rote Zwiebeln
1 Birne
½ Kopf Eichblattsalat

Für das Dressing:

8–10 Blättchen Zitronenmelisse
2 EL grober süßer Senf
4 EL Honig
1–2 TL Essigessenz
3 EL Soja- oder Distelöl

1. Die Hähnchenbrust waschen, trockentupfen und im heißen Butterschmalz von jeder Seite 4–5 Minuten braten. Das Fleisch salzen und pfeffern, beiseite stellen und auskühlen lassen.

2. Die Avocados halbieren, schälen und die Kerne herauslösen. Das Fruchtfleisch quer in Scheiben schneiden. Die Zwiebeln schälen, halbieren und in feine Spalten schneiden. Die Birne waschen, vierteln, das Kerngehäuse entfernen. Die Birnenviertel in Scheibchen schneiden. Den Salat putzen, waschen, trockentupfen und in mundgerechte Stücke zupfen.

3. Die Salatzutaten auf vier Teller verteilen. Die Hähnchenbrust in Scheiben schneiden und auf dem Salat anrichten.

4. Die Zitronenmelisse waschen, trockentupfen und fein hacken. Aus Senf, Honig, Essigessenz, 4–5 Esslöffeln Wasser, Öl, Salz, Pfeffer und Zitronenmelisse eine Marinade rühren und über den Salat verteilen.

Zubereitungszeit ca. 30 Minuten
Pro Portion ca. 2140 kJ / 510 kcal
E: 16 g, F: 40 g, KH: 23 g

Tipp

Harte Avocados reifen rascher nach, wenn man sie in Zeitungspapier wickelt und 1–2 Tage auf die Heizung legt. Bei Zimmertemperatur kann das Nachreifen bis zu 5 Tagen dauern.

Bunter Nudelsalat (Foto)

Zutaten für 4 Personen

Für den Salat:

- 200 g Vollkorn-Ferment-nudeln, Salz
- 100 g Erbsen (TK-Ware)
- 3 Möhren, in Scheiben
- ½ gelbe Paprikaschote
- 2 Tomaten
- 2 Frühlingszwiebeln
- 150 g Leberkäse, am Stück
- 100 g Emmentaler, am Stück

Für das Dressing:

- 200 g saure Sahne
- 5 EL Brottrunk
- 2 EL gehackte Kräuter
- Pfeffer aus der Mühle
- 1–2 TL Senf, 1 TL Zucker
- 2 TL Enzym-Ferment-Getreide

1. Nudeln nach Packungsanweisung in Salzwasser kochen, abschrecken, abtropfen und abkühlen lassen. Inzwischen Erbsen und Möhren in wenig Wasser garen. Das übrige Gemüse putzen, waschen und klein schneiden.

2. Leberkäse und Emmentaler in längliche Stifte schneiden, die Nudeln mit Gemüse, Käse und Leberkäse mischen.

3. Alle Zutaten für das Dressing verrühren. Den Salat auf vier Teller verteilen und das Dressing dazu reichen.

Zubereitungszeit ca. 30 Minuten
Pro Portion ca. 2070 kJ / 495 kcal
E: 21 g, F: 24 g, KH: 47 g

Tipp

Der Salat ist prima für ein Picknick geeignet. Ersetzen Sie die Tomaten durch 200 g Kirschtomaten, die Sie ganz lassen – das verhindert, dass der Salat durch den Tomatensaft matschig wird.

Italienischer Radicciosalat

Zutaten für 4 Personen

- 4 Köpfe Radiccio
- 50 ml Balsamicoessig
- 40 ml Olivenöl extra vergine
- Salz, Pfeffer aus der Mühle
- 200 g Parmaschinken, in Scheiben
- 100 g Parmesan

1. Radiccio putzen, waschen und in feine Streifen schneiden. Essig, Öl, Salz und Pfeffer verrühren. Die Radiccio-Streifen damit übergießen und auf einer Platte anrichten.

2. Die Schinkenscheiben dazulegen, den Käse darüber hobeln. Mit ein paar Tropfen Balsamicoessig verfeinern.

Zubereitungszeit ca. 20 Minuten
Pro Portion ca. 1210 kJ / 290 kcal
E: 21 g, F: 22 g, KH: 2 g

Kartoffelsalat mit Putenstreifen und Kräutern

Zutaten für 4 Personen

3 Putenschnitzel
2 EL Butterschmalz
2 Knoblauchzehen
Salz, Pfeffer aus der Mühle
500 g klassischer Kartoffelsalat (Fertigprodukt a. d. Kühlregal)
1 kleine Zwiebel
1 kleine Salatgurke
4 EL Sonnenblumenöl
3 EL Apfelessig
je 1 Bund Schnittlauch, Petersilie, Basilikum
50 g Rauke

1. Die Putenschnitzel waschen, trockentupfen, längs halbieren, dann in zentimeterbreite Streifen schneiden. Im heißen Butterschmalz in einer Pfanne rundum 5 Minuten kräftig anbraten. Den Knoblauch schälen und darüber pressen, mit Salz und Pfeffer würzen. Die Pfanne vom Herd nehmen und das Fleisch abkühlen lassen.

2. Den Kartoffelsalat in eine größere Schüssel füllen. Die Zwiebel schälen und fein hacken. Die Gurke schälen, längs halbieren und die Kerne entfernen. Das Fruchtfleisch in kleine Würfel schneiden. Mit der Zwiebel und den Putenstreifen zum Kartoffelsalat geben.

3. Sonnenblumenöl mit Apfelessig, Salz und Pfeffer aufschlagen, über den Salat gießen. Alles gut mischen und kurz durchziehen lassen.

4. Die Kräuter und die Rauke waschen und trockentupfen, den Schnittlauch in feine Röllchen schneiden. Petersilie und Basilikum abzupfen und grob hacken. Von der Rauke die harten Stielenden abschneiden und Rauke ebenfalls grob hacken. Die Kräuter und die Rauke unter den Salat heben und das Ganze mit Salz und Pfeffer abschmecken.

Zubereitungszeit ca. 20 Minuten
Pro Portion ca. 2170 kJ / 520 kcal
E: 36 g, F: 34 g, KH: 17 g

Variation

Richten Sie den Salat zusätzlich mit 2 in Achtel geschnittenen hart gekochten Eiern an.

Kohlrabi-Apfel-Carpaccio

Zutaten für 4 Personen

1 großer Kohlrabi
2 rotschalige Äpfel
4 EL Zitronensaft
40 g Kürbiskerne
1 Knoblauchzehe
½ Bund Petersilie
2 Korianderzweige
150 g Schmelzkäse
100 g Sahnequark (40 %)
2 EL Vollmilch
Salz, Pfeffer aus der Mühle
gem. Kardamom

1. Den Kohlrabi schälen, waschen und halbieren. Die Äpfel gründlich waschen und trockenreiben. Mit einem Apfelausstecher die Kerngehäuse entfernen. Den Kohlrabi und die Äpfel in hauchdünne Scheiben schneiden bzw. hobeln. Mit 2 Esslöffeln Zitronensaft beträufeln.

2. Die Kürbiskerne in einer Pfanne ohne Fett rösten und herausnehmen. Den Knoblauch schälen, die Petersilie und den Koriander waschen und trockentupfen. Knoblauch, Petersilie und Koriander hacken.

3. Schmelzkäse, Quark, restlichen Zitronensaft, Milch, Knoblauch, Koriander und Petersilie verrühren. Die Creme mit Salz, Pfeffer und Kardamom würzen.

4. Den Kohlrabi und die Apelscheiben dachziegelartig auf großen Tellern anrichten, mit Kürbiskernen bestreuen. Die Creme dazu reichen.

Zubereitungszeit ca. 25 Minuten
Pro Portion ca. 1050 kJ / 250 kcal
E: 11 g, F: 15 g, KH: 17 g

Tipp

Servieren Sie zum Kohlrabi-Apfel-Carpaccio knuspriges Vollkorn-Baguette und Wiener Würstchen.

Warmes Pilzcarpaccio

Zutaten für 4 Personen

250 g Champignons
4 Tomaten
Pfeffer aus der Mühle
2 Knoblauchbutter-Baguettes (a. d. Kühlregal, à 175 g)
2 EL Balsamicoessig
Zucker
Salz
1 EL Olivenöl
½ Pk. Kräuterbutter mit frischen Gartenkräutern (50 g)
50 g Parmesan
evtl. Kerbelblättchen zum Garnieren

1. Die Champignons putzen, waschen und in feine Scheiben schneiden. Die Tomaten putzen, waschen und fein würfeln.

2. Die Champignons auf Tellern anrichten, die Tomatenwürfel darauf verteilen und mit Pfeffer bestreuen.

3. Den Backofen auf 180 °C vorheizen. Die Knoblauchbutter-Baguettes nach Packungsanweisung im Backofen aufbacken.

4. Inzwischen aus Balsamicoessig, einer Prise Zucker, Salz, Pfeffer und Olivenöl eine Marinade rühren, über die Pilzscheiben und Tomatenwürfel geben.

5. Die Baguettes aus dem Ofen nehmen. Die Kräuterbutter in Flöckchen auf dem Pilzcarpaccio verteilen und dieses sofort in den noch heißen Ofen stellen. Das Carpaccio im Backofen so lange erhitzen, bis die Butter zerlaufen ist.

6. Den Parmesan darüber hobeln. Alles nach Wunsch mit Kerbel verzieren und dazu die Knoblauchbutter-Baguettes servieren.

Zubereitungszeit ca. 30 Minuten
Pro Portion ca. 1840 kJ / 440 kcal
E: 13 g, F: 25 g, KH: 40 g

Tipp

Das Putzen und Schneiden der Champignons braucht noch weniger Zeit, wenn Sie Riesenchampignons verwenden.

Möhrencarpaccio (Foto)

Zutaten für 4 Personen

1 Bund Möhren
6 EL Olivenöl
3–4 EL Weißweinessig
2 EL flüssiger Honig
Salz, Pfeffer aus der Mühle
150 g Bonbel
1 Bund Basilikum

1. Die Möhren putzen, schälen, waschen und längs in dünne Scheiben schneiden. Das Olivenöl in einer Pfanne erhitzen, die Möhren darin kurz braten. Den Essig und den Honig zugeben, kurz aufkochen lassen, mit Salz und Pfeffer würzen.

2. Die Möhren abkühlen lassen, den Käse in dünne Scheiben schneiden. Abwechselnd Möhren und Käse auf einer Platte anrichten. Die Basilikumblätter waschen, trockentupfen, von den Stielen zupfen und über dem Carpaccio verteilen.

Zubereitungszeit ca. 20 Minuten
Pro Portion ca. 1300 kJ / 310 kcal
E: 10 g, F: 24 g, KH: 14 g

Gefüllte Minipaprikas

Zutaten für 4 Personen

12 Minipaprikas
1 Bund Frühlingszwiebeln
1 Knoblauchzehe, fein gewürfelt
200 g Frischkäse mit feinem Paprika
200 g saure Sahne
Salz, Pfeffer aus der Mühle
Cayennepfeffer

1. Die Minipaprikas waschen, jeweils den Deckel abschneiden und die Kerne und Trennwände aus den Schoten entfernen. Die Frühlingszwiebeln putzen, in feine Ringe schneiden und waschen.

2. Die Frühlingszwiebeln und den Knoblauch zum Frischkäse geben, dann die saure Sahne zufügen. Alles gleichmäßig miteinander verrühren und mit Salz, Pfeffer und Cayennepfeffer abschmecken.

3. Die Masse in die Paprikaschoten füllen, die Deckelchen obenauf setzen.

Zubereitungszeit ca. 20 Minuten
Pro Portion ca. 1230 kJ / 300 kcal
E: 6 g, F: 24 g, KH: 13 g

Bunte Nudel-
spezialitäten

Tagliatelle mit Zitronensauce

Zutaten für 4 Personen

3 unbehandelte Zitronen
Salz
2 Schalotten
60 g Knoblauchbutter (Fertigprodukt)
100 ml Gemüsebrühe (Instant)
150 g Crème fraîche
400 g Tagliatelle
1 Bund Basilikum
30 g Kerbel
Pfeffer aus der Mühle
1 Msp. Cayennepfeffer

1. 1 Zitrone heiß abwaschen und abtrocknen. Die Hälfte der Zitrone schälen, die Schale anschließend in ganz feine Streifen schneiden. Die Zitrone dann auspressen. Die übrigen Zitronen so schälen, dass die weiße Innenhaut ganz entfernt wird. Dann die Zitronenfilets aus den Häutchen schneiden und beiseite legen.

2. Einen Topf mit reichlich Salzwasser aufsetzen. Die Schalotten schälen, fein hacken und mit den Zitronenschalenstreifen in der Knoblauchbutter andünsten. Den Zitronensaft mit der Brühe verrühren. Die Crème fraîche dazugeben und alles etwa 10 Minuten köcheln.

3. Inzwischen die Nudeln in Salzwasser etwa 10 Minuten bissfest kochen. Das Basilikum und den Kerbel waschen, trockentupfen, von den Stielen zupfen und die Blättchen grob hacken.

4. Die Sauce mit Salz, Pfeffer sowie Cayennepfeffer abschmecken und die Kräuter unterrühren. Die Nudeln abgießen und in einer großen Schüssel mit der Sauce mischen. Auf tiefen Tellern anrichten und mit den Zitronenfilets garnieren.

Zubereitungszeit ca. 30 Minuten
Pro Portion ca. 2500 kJ / 600 kcal
E: 15 g, F: 25 g, KH: 77 g

MEGGLE

Blitz-Nudeltopf (Foto)

Zutaten für 4 Personen

300 g Putenbrust, in Streifen
1 EL Sojasauce
½ TL Paprikapulver, edelsüß
weißer Pfeffer aus der Mühle
2 EL Öl
1 l Hühnerbrühe (Instant)
300 g Hörnchennudeln
200 g Champignons
je 1 rote und gelbe Paprikaschote, in Stücken
½ Stange Porree, in Ringen

1. Putenbrust mit Sojasauce, Paprika und Pfeffer würzen und im heißen Öl rundherum anbraten. Die Hühnerbrühe angießen und aufkochen lassen.

2. Inzwischen die Nudeln bissfest garen. Die Champignons putzen, zusammen mit Paprika und Porree in die Hühnerbrühe geben.

3. Die gegarten Nudeln abgießen und mit dem Gemüse mischen. Den Nudeltopf mit Sojasauce, Salz und Pfeffer abschmecken.

Zubereitungszeit ca. 25 Minuten
Pro Portion ca. 1890 kJ / 450 kcal
E: 30 g, F: 9 g, KH: 55 g

Fusilli mit Lachssauce

Zutaten für 4 Personen

400 g Fusilli
Salz
30 g Butter
1 Knoblauchzehe, halbiert
150 g Räucherlachs
200 ml süße Sahne
etwas abgeriebene Schale von 1 unbehandelten Zitrone
weißer Pfeffer aus der Mühle

1. Die Fusilli in reichlich Salzwasser bissfest kochen. In einer großen Pfanne die Butter zerlassen. Die Knoblauchzehe darin einige Minuten dünsten, dann entfernen.

2. Den Lachs klein schneiden. Sahne, Lachs, Zitronenschale und eine Prise Salz in die Pfanne geben und mischen.

3. Die Nudeln abgießen und in die Pfanne geben. Bei geringer Hitzezufuhr unterheben, mit Pfeffer abschmecken.

Zubereitungszeit ca. 25 Minuten
Pro Portion ca. 2530 kJ / 600 kcal
E: 21 g, F: 27 g, KH: 70 g

Vollkornnudeln mit Porree und Soja-Ingwer-Sauce

Zutaten für 4 Personen

20 g schwarze chinesische Pilze
400 g Vollkornnudeln
Salz
1 kg Porree
4 große Tomaten (800 g)
4 EL Erdnussöl
2 TL frisch geriebener Ingwer
2 Knoblauchzehen
2 TL Speisestärke
250 ml Gemüsebrühe (Instant)
4 EL Sojasauce
4 EL Sherry
Pfeffer aus der Mühle
Sambal Oelek

1. Die Pilze 15 Minuten in lauwarmes Wasser legen und quellen lassen. Die Vollkornnudeln in leicht gesalzenem Wasser bissfest kochen, anschließend abgießen und abtropfen lassen.

2. Den Porree putzen, in 3 cm lange Stücke, dann längs in feine Streifen schneiden und waschen. Die Tomaten überbrühen, abschrecken und enthäuten, entkernen und in kleine Würfel schneiden.

3. Die Pilze abtropfen lassen und halbieren. Das Erdnussöl in einer großen Pfanne oder in einem Wok erhitzen. 1 Prise Salz, Porreestreifen, Ingwer und Pilze hineingeben, unter ständigem Rühren bissfest garen. Die Knoblauchzehen schälen und durchpressen. Die Tomatenwürfel und den Knoblauch hinzufügen und kurz mitdünsten.

4. Das Gemüse herausnehmen. Die Speisestärke mit etwas Wasser anrühren, dann mit der Brühe verrühren, in die Pfanne geben und aufkochen. Mit Sojasauce, Sherry, Pfeffer und Sambal Oelek abschmecken. Aufkochen lassen, dann die Nudeln und das Gemüse unterheben und kurz erwärmen. Nach Bedarf nochmals abschmecken und sofort servieren.

Zubereitungszeit ca. 30 Minuten
Pro Portion ca. 2970 kJ / 710 kcal
E: 37 g, F: 16 g, KH: 96 g

RAFFINIERT WÜRZE
Soja-Sauce

Nudeln mit Radicchio und Walnuss-Roquefort-Sauce (Foto)

Zutaten für 4 Personen

- 1 kleiner Radicchio
- 500 g große Schmetterlings- oder Bandnudeln
- Salz
- 200 g Roquefort
- 150 ml Milch
- 50 g Walnusskerne
- 100 g Crème fraîche
- Pfeffer aus der Mühle
- etwa 1 EL Zitronensaft
- Walnusshälften und Thymianblättchen zum Garnieren

1. Den Radicchio putzen, waschen und trockentupfen, Blätter in Streifen schneiden. Die Nudeln in reichlich kochendem Salzwasser bissfest garen.

2. Den Roquefort klein schneiden und in der Milch bei schwacher Hitze schmelzen lassen. Die Walnusskerne fein hacken und mit der Crème fraîche einrühren, mit Pfeffer und Zitronensaft abschmecken. Den Radicchio in die Sauce geben. Die Nudeln abtropfen lassen und mit der Sauce mischen. Mit Walnusshälften und Thymianblättchen bestreut servieren.

Zubereitungszeit ca. 30 Minuten
Pro Portion ca. 3290 kJ / 785 kcal
E: 31 g, F: 29 g, KH: 89 g

Farfalle mit Spargel

Zutaten für 4 Personen

- 400 g grüner Spargel
- Salz
- 400 g Farfalle
- 90 g Butter
- 60 g Grana Padano, gerieben
- frisch geriebene Muskatnuss

1. Den Spargel putzen, im unteren Drittel schälen und in fingerlange Stücke schneiden. In kochendes Salzwasser geben, 2–3 Minuten garen und abgießen.

2. Reichlich gesalzenes Wasser aufkochen, die Farfalle darin bissfest garen. Butter in einer großen Pfanne zerlassen, die Spargelstücke bei sehr geringer Hitze darin andünsten. Die Pasta dazugeben. Alles mit dem Grana Padano mischen und mit Muskat würzen.

Zubereitungszeit ca. 30 Minuten
Pro Portion ca. 2500 kJ / 600 kcal
E: 19 g, F: 27 g, KH: 60 g

Korkenziehernudeln mit Tomatensauce (Foto)

Zutaten für 4 Personen

- **400 g Korkenziehernudeln**
- **Salz**
- **1,2 kg Fleischtomaten**
- **1 Zwiebel**
- **1 Bund Salbei**
- **1 EL Sonnenblumenöl**
- **1 TL Honig**
- **Tabascosauce**

1. Die Nudeln in Salzwasser bissfest kochen. Die Tomaten überbrühen, abschrecken, enthäuten, entkernen und würfeln. Die Zwiebel schälen und ebenfalls würfeln. Die Salbeiblätter waschen, trockentupfen und in Streifen schneiden.

2. Die Zwiebel und die Salbeiblätter in einer Pfanne im Öl andünsten, die Tomatenwürfel zufügen. Unter Rühren 1–2 Minuten köcheln lassen. Mit Honig, Salz und Tabascosauce abschmecken. Die Nudeln abtropfen lassen und untermischen.

Zubereitungszeit ca. 25 Minuten
Pro Portion ca. 1950 kJ / 470 kcal
E: 14 g, F: 6 g, KH: 82 g

Spaghetti alla carbonara

Zutaten für 4 Personen

- **150 g Bauchspeck, gewürfelt**
- **1 Knoblauchzehe, gewürfelt**
- **3 EL Olivenöl**
- **100 ml trockener Weißwein**
- **3 Eier**
- **100 g Pecorino Romano oder Grana Padano, gerieben**
- **Pfeffer aus der Mühle**
- **400 g Spaghetti**
- **Salz**

1. Den Speck und den Knoblauch im heißen Olivenöl in einer kleinen Pfanne anbraten. Sobald der Speck bräunt, mit Weißwein ablöschen und diesen langsam verdunsten lassen.

2. In einer großen Schüssel die Eier gut verquirlen, Käse und Pfeffer unterrühren. Die Spaghetti in reichlich Salzwasser bissfest kochen, abgießen und sofort in die Schüssel mit den Eiern geben. Gut vermischen, die heiße Specksauce darüber geben und sofort servieren.

Zubereitungszeit ca. 25 Minuten
Pro Portion ca. 3400 kJ / 810 kcal
E: 27 g, F: 48 g, KH: 69 g

Fleisch, Fisch & Geflügel

Geschnetzeltes Züricher Art

Zutaten für 4 Personen

600 g Schweinefilet
Salz, Pfeffer aus der Mühle
1 Bund Frühlingszwiebeln
250 g Champignons
1 Bund glatte Petersilie
3 EL Pflanzencreme mit Butteraroma
1 Frischeschale „Champignons" (Schmelzkäse)

1. Das Fleisch abspülen, trockentupfen, in feine Streifen schneiden, salzen und pfeffern. Die Frühlingszwiebeln putzen, in feine Ringe schneiden und waschen. Die Champignons putzen und je nach Größe halbieren oder vierteln. Die Petersilie abbrausen, trockentupfen und, bis auf einige Blättchen zum Garnieren, fein hacken.

2. Die Pflanzencreme in einer großen Pfanne erhitzen und das Fleisch darin rundherum anbraten. Die Zwiebelringe und die Champignons zufügen und kurz anbraten. Mit 100 ml Wasser ablöschen.

3. Den Schmelzkäse zufügen, unterrühren und alles bei mittlerer Hitze etwa 5 Minuten garen. Das Geschnetzelte kräftig mit Salz und Pfeffer abschmecken und zum Schluss die gehackte Petersilie unterheben. Mit Petersilienblättchen garniert servieren.

Zubereitungszeit ca. 25 Minuten
Pro Portion ca. 1975 kJ / 475 kcal
E: 41 g, F: 31 g, KH: 7 g

Tipp

Servieren Sie das Geschnetzelte mit seiner klassischen Beilage – mit Rösti. Für 4 Portionen 600 g am Vortag gekochte Pellkartoffeln schälen, raspeln und mit 100 g fein gewürfelten Zwiebeln mischen. Portionsweise in Butterschmalz bei mittlerer Hitze von jeder Seite etwa 8 Minuten goldbraun backen.

Gefüllte Medaillons mit Schinken und Käse (Foto)

Zutaten für 4 Personen

- 50 g Serrano-Schinken
- 150 g Schmelzkäse „Die lachende Kuh“
- Saft und abgeriebene Schale von 1 unbehandelten Limette
- Salz, Pfeffer aus der Mühle
- 800 g Schweinefilet
- 1 EL Sonnenblumenöl
- Holzspießchen

1. Den Schinken in feine Streifen schneiden und mit dem Schmelzkäse verrühren. Limettensaft und -schale zufügen, mit Salz und Pfeffer würzen. Das Filet waschen, trockentupfen und in 8 Medaillons schneiden. In jedes Stück seitlich eine Tasche schneiden und mit der Käse-Schinken-Creme füllen. Mit Holzspießchen zusammenstecken.

2. Die Medaillons im heißen Öl bei mittlerer Hitze 7–8 Minuten braten, dabei mehrmals wenden, salzen und pfeffern. Dazu schmecken Kartoffelgratin und grüner Salat.

Zubereitungszeit ca. 25 Minuten
Pro Portion ca. 1810 kJ / 430 kcal
E: 50 g, F: 24 g, KH: 5 g

Kalbsschnitzel mit Pecorino Toscano

Zutaten für 4 Personen

- 8 kleine Kalbsschnitzel
- 2–3 EL Mehl
- 4 EL Olivenöl extra vergine
- Salz, Pfeffer aus der Mühle
- 200 g halbfester Pecorino Toscano, in Scheiben
- 100 ml toskanischer Weißwein
- 2 EL Petersilienblättchen

1. Die Schnitzel von beiden Seiten mit Mehl bestreuen und in einer Pfanne im heißen Öl kräftig anbraten, dann bei geringer Hitze auf jeder Seite etwa 5 Minuten braten. Das Fleisch salzen und pfeffern.

2. Die Käsescheiben auf die Schnitzel legen. 1 Esslöffel Wasser und den Wein hinzufügen, die Flüssigkeit etwas einkochen lassen. Die Schnitzel auf Tellern anrichten und mit Petersilie garnieren. Den Fond durchsieben und über die Schnitzel geben.

Zubereitungszeit ca. 15 Minuten
Pro Portion ca. 2740 kJ / 660 kcal
E: 55 g, F: 44 g, KH: 11 g

Geflügelragout in Safranbutter-Sauce

Zutaten für 4 Personen

2 Hähnchenbrüste mit Haut und Knochen (à 250–300 g)

500 ml Hühnerbrühe (Instant)

1 Döschen Safranpulver

60 g Butter

25 g Mehl

125 ml süße Sahne

400 g Bandnudeln

Salz

100 g Möhren

100 g Zuckerschoten

1. Die Hähnchenbrüste waschen, trockentupfen und in 125 ml Hühnerbrühe 20–25 Minuten garen. Dann herausnehmen, von Haut und Knochen befreien, mit der Brühe bedeckt warm halten.

2. Für die Sauce das Safranpulver in 50 g Butter erhitzen, das Mehl hineinrühren, mit 250 ml Brühe und der Sahne auffüllen, unter Rühren gut durchkochen lassen. Die Bandnudeln in Salzwasser garen, dann abtropfen lassen, in der restlichen geschmolzenen Butter schwenken.

3. Inzwischen die Möhren putzen, schälen, waschen und in dünne Streifen schneiden. Die Zuckerschoten putzen, waschen und in Rhomben schneiden. Beides in der restlichen Hühnerbrühe etwa 5 Minuten dünsten.

4. Die Nudeln mit dem Gemüse mischen, auf vier Teller verteilen. Das Fleisch in Scheiben schneiden und auf den Nudeln anrichten. Die Safranbutter-Sauce darüber gießen.

Zubereitungszeit ca. 30 Minuten
Pro Portion ca. 2980 kJ / 710 kcal
E: 41 g, F: 26 g, KH: 78 g

Tipp

Noch schneller geht es, wenn Sie für dieses Gericht 1 gegrilltes Hähnchen kaufen und die enthäuteten Brüste für dieses Rezept verwenden.

Hühnercurry mit Bananen (Foto)

Zutaten für 4 Personen

- 2 EL Sonnenblumenöl
- 1 Zwiebel, gewürfelt
- 1 kg Hähnchenbrustfilet, gewürfelt
- 3 Bananen
- 2 TL Curry
- 1 TL gem. Kurkuma
- 1 Würfel klare Hühnersuppe
- evtl. 2 EL Saucenbinder für helle Saucen

1. In einem Topf das Öl heiß werden lassen. Die Zwiebel darin andünsten, das Hähnchenbrustfilet zufügen, kräftig anbraten.

2. Die Bananen schälen, in etwa 2 cm breite Scheiben schneiden, zum Fleisch geben und mit anbraten. Die Gewürze zufügen. 500 ml Wasser zugießen und aufkochen. Den Brühwürfel darin auflösen und alles etwa 10 Minuten bei geringer Wärmezufuhr kochen. Das Hühnercurry eventuell mit Saucenbinder binden. Dazu passt Basmati-Reis.

Zubereitungszeit ca. 30 Minuten
Pro Portion ca. 1780 kJ / 430 kcal
E: 62 g, F: 9 g, KH: 24 g

Hähnchenbrustfilets mit Ofentomaten

Zutaten für 4 Personen

- 4 mittelgroße Tomaten
- Fett für das Backblech
- 100 g Kräuterbutter mit frischen Gartenkräutern (Fertigprodukt)
- 4 Eier
- 20 g Emmentaler, gerieben
- 4 Hähnchenbrustfilets
- Salz, Pfeffer aus der Mühle
- 2 EL Speiseöl

1. Den Backofen auf 200 °C vorheizen. Die Tomaten waschen, einen Deckel abschneiden und die Tomaten aushöhlen. Dann auf ein gefettetes Backblech setzen und in jede Tomate etwa 1 Teelöffel Kräuterbutter und 1 Ei verteilen, mit dem Käse bestreuen. Im vorgeheizten Backofen etwa 25 Minuten backen.

2. Inzwischen die Hähnchenbrustfilets mit Salz und Pfeffer würzen und im heißen Öl von beiden Seiten goldbraun braten. Die Tomaten mit dem Fleisch auf Tellern anrichten. Die restliche Kräuterbutter darauf verteilen.

Zubereitungszeit ca. 30 Minuten
Pro Portion ca. 2210 kJ / 530 kcal
E: 61 g, F: 31 g, KH: 3 g

Putengeschnetzeltes in Schnittlauchrahm

Zutaten für 4 Personen

1 Kohlrabi
500 g grüner Spargel
½ Gemüsezwiebel
2 EL Mandelblättchen
650 g Putenfilet
2 EL Sonnenblumenöl
Salz, schwarzer Pfeffer aus der Mühle
125 ml Hühnerbrühe (Instant)
150 g Schmelzkäse „Die lachende Kuh"
½ Bund Schnittlauch
2–3 EL Zitronensaft

1. Den Kohlrabi putzen, schälen, waschen und in dünne Scheiben schneiden. Die holzigen Enden vom Spargel abschneiden, den Spargel im unteren Drittel schälen, dann waschen und in etwa 5 cm lange Stücke schneiden. Die Gemüsezwiebel schälen und in Würfel schneiden.

2. Die Mandelblättchen in einer Pfanne ohne Fett goldbraun rösten, herausnehmen.

3. Das Putenfilet kalt abspülen und trockentupfen, in Streifen schneiden und im heißen Öl rundum knusprig braten. Dabei mit Salz und Pfeffer würzen, aus der Pfanne nehmen.

4. Die Zwiebelwürfel und das Gemüse im Bratfett andünsten. Die Brühe angießen und etwa 10 Minuten garen. Den Käse einrühren und kurz aufkochen lassen.

5. Den Schnittlauch waschen, trockentupfen und in Röllchen schneiden. Mit dem Fleisch zum Gemüse geben, mit Zitronensaft, Salz und Pfeffer abschmecken. Die Mandelblättchen darüber streuen. Dazu schmeckt Baguette.

Zubereitungszeit ca. 30 Minuten
Pro Portion ca. 1780 kJ / 430 kcal
E: 49 g, F: 19 g, KH: 7 g

Hähnchen-Spargelcreme-Topf (Foto)

Zutaten für 4 Personen

4 Hähnchenbrustfilets (à 150 g)
Salz, Pfeffer aus der Mühle
25 g Margarine
1 Dose Spargel-Cremesuppe, konzentriert
1 EL gehackte gemischte Kräuter

1. Die Hähnchenbrustfilets waschen, trockentupfen und in Streifen schneiden. Dann salzen, pfeffern und in einem Topf im heißen Fett von jeder Seite braun anbraten.

2. Die Suppe mit einer Dose Wasser glatt rühren, zum Fleisch geben und alles etwa 8 Minuten garen. Zum Schluss die Kräuter unterheben. Dazu schmecken Zuckerschoten.

Zubereitungszeit ca. 20 Minuten
Pro Portion ca. 1070 kJ / 255 kcal
E: 37 g, F: 10 g, KH: 4 g

Feurige Hacksteaks

Zutaten für 4 Personen

1–2 Chilischoten, fein gewürfelt
1 Knoblauchzehe, durchgepresst
½ Bund Petersilie, fein gehackt
½ Zwiebel, fein gewürfelt
2 EL Essig
3 EL Olivenöl
Salz
500 g gemischtes Hackfleisch
1 Eigelb
1 EL Paniermehl
Salz, Pfeffer aus der Mühle
125 g Steak & Grill-Butter
evtl. 4 Tacoschalen

1. Chilischoten, Knoblauch, Petersilie, Zwiebel, Essig, Olivenöl und Salz verrühren.

2. Hackfleisch mit Eigelb und Paniermehl mischen und mit Salz und Pfeffer würzen. Aus der Masse Hacksteaks formen, unter dem heißen Grillrost im Backofen von beiden Seiten gleichmäßig grillen.

3. Die Hacksteaks auf Tellern mit der Steak & Grill-Butter anrichten. Die Salsa nach Wunsch in Tacosschalen füllen und zu den Hacksteaks servieren.

Zubereitungszeit ca. 35 Minuten
Pro Portion ca. 2380 kJ / 570 kcal
E: 25 g, F: 51 g, KH: 4 g

Lachsschnitzel mit Limetten-Wein-Sauce

Zutaten für 4 Personen

4 Lachsschnitzel ohne Haut (à 125 g)

Salz, weißer Pfeffer aus der Mühle

2 Schalotten

25 g Pflanzencreme mit Butteraroma

100 ml Weißwein

Saft von 1 Limette

1 Pk. Sauce à la Hollandaise (Fertigprodukt)

etwas Zucker

2 EL süße Sahne

Limettenscheiben und Kapuzinerkresseblüten zum Garnieren

1. Die Lachsschnitzel kalt abspülen, trockentupfen, salzen und pfeffern. Die Schalotten schälen, fein würfeln. Das Fett in einer Pfanne erhitzen und die Schalottenwürfel darin andünsten.

2. Die Lachsschnitzel zufügen und von jeder Seite etwa 2 Minuten bei mittlerer Hitze garen, dann herausnehmen und warm stellen.

3. Den Bratensatz mit dem Wein und dem Limettensaft loskochen, durch ein Haarsieb in einen Topf gießen und um die Hälfte einkochen lassen.

4. Die Sauce à la Hollandaise unterrühren, erwärmen und alles mit Salz, Pfeffer und Zucker abschmecken. Die Sahne halb steif schlagen, unterziehen und die Sauce kräftig aufschlagen.

5. Die Lachsschnitzel mit der Sauce auf Tellern anrichten und mit den Limettenscheiben und den Kapuzinerkresseblüten garniert servieren. Dazu schmecken eine Wildreismischung und ein gemischter Blattsalat.

Zubereitungszeit ca. 30 Minuten
Pro Portion ca. 3060 kJ / 710 kcal
E: 27 g, F: 61 g, KH: 4 g

Snacks für Gäste

Thymiancreme auf Kräckern (Foto)

Zutaten für 4 Personen

- 100 g Allgäuer Emmentaler, gerieben
- 100 g Schnittkäse mit grünem Pfeffer, gerieben
- 100 g Doppelrahm-Frischkäse
- 100 g Quark
- 80 g weiche Butter
- 2 ½ EL Thymianblättchen
- 1 EL grob geschroteter schwarzer Pfeffer
- 24 Kräcker

1. Käse, Frischkäse, Quark und Butter cremig rühren. 2 Esslöffel Thymianblättchen und Pfeffer untermischen. Aus der Creme eine Rolle von 2,5 cm Durchmesser formen und etwa 10 Minuten im Gefrierfach fest werden lassen.

2. Die Rolle in 1 cm dicke Scheiben schneiden und auf Kräckern anrichten. Mit den restlichen Thymianblättchen dekorieren.

Zubereitungszeit ca. 15 Minuten (plus 10 Minuten Kühlzeit)
Pro Portion ca. 2040 kJ / 490 kcal
E: 21 g, F: 38 g, KH: 16 g

Käse-Gemüse-Spießchen

Zutaten für 4 Personen

- je 2 rote und gelbe Paprikaschoten
- 150 g Champignonköpfchen
- 10 EL Olivenöl
- 125 ml Balsamicoessig
- Salz, Pfeffer aus der Mühle
- ½ Bund Basilikum, gehackt
- 10 schwarze, eingelegte Oliven ohne Kerne
- 1 Knoblauchzehe, fein gehackt
- 200 g Babybel, gewürfelt
- Holzspieße

1. Den Backofen auf 250 °C vorheizen. Die Paprika vierteln, entkernen, auf ein Backblech legen und etwa 10 Minuten im vorgeheizten Backofen bräunen, bis die Haut Blasen wirft. Herausnehmen, enthäuten und in gleich große Stücke schneiden. Die Champignonköpfchen in 2 Esslöffeln Olivenöl anbraten.

2. Für die Marinade restliches Olivenöl, Balsamicoessig, Salz, Pfeffer und Basilikum mischen, über die Paprika und Champignons geben. Die Oliven und den Knoblauch zugeben. Den Käse abwechselnd mit den Gemüsestücken auf Spieße stecken und mit der Marinade anrichten. Dazu passt frisches Weißbrot.

Zubereitungszeit ca. 30 Minuten
Pro Portion ca. 1900 kJ / 450 kcal
E: 14 g, F: 39 g, KH: 10 g

Lachsröllchen mit Käse und Grapefruit (Foto)

Zutaten für 4 Personen

- 1 rosafarbene Grapefruit
- 10 Scheiben Räucherlachs
- 3 TL geriebener Meerrettich (a. d. Glas)
- 2 dicke Scheiben Bonbel (ca. 1 cm dick)
- etwas frischer Dill
- 1 Pk. eckige Pumpernickelscheiben
- 40 g Butter
- grober bunter Pfeffer aus der Mühle
- Holzspießchen

1. Grapefruit schälen und filetieren. Lachsscheiben dünn mit Meerrettich bestreichen. Käse in 10 lange Streifen schneiden. Die Käsestreifen jeweils auf 1 Lachsscheibe legen, etwas Dill darauf verteilen und den Lachs zusammenrollen.

2. Die Pumpernickelscheiben in Rechtecke schneiden, so dass die Röllchen darauf passen, und mit Butter bestreichen. Die Lachsröllchen darauf anrichten. Die Grapefruitfilets darauf legen und mit Holzspießchen feststecken. Mit Pfeffer bestreuen.

Zubereitungszeit ca. 20 Minuten
Pro Portion ca. 2840 kJ / 630 kcal
E: 39 g, F: 28 g, KH: 53 g

Bunte Gemüsepäckchen mit Mozzarella

Zutaten für 4 Personen

- 80 g Kräuterbutter (Fertigprodukt a. d. Kühlregal)
- 400 g Zucchini, in Scheiben
- 300 g Kirschtomaten, halbiert
- 250 g Mozzarella, in Scheiben
- 2 TL Rosmarinnadeln
- Salz, Pfeffer aus der Mühle
- Alufolie

1. Die Kräuterbutter in einem Töpfchen schmelzen. 8 Streifen Alufolie (je etwa 20 cm breit) zuschneiden, die Ränder hochklappen und zu Nestern formen.

2. Zucchini, Tomaten, Mozzarella und Rosmarin darauf verteilen, mit Salz und Pfeffer bestreuen und die Butter darüber träufeln. Die Päckchen auf dem heißen Holzkohlengrill oder unter dem Backofengrill 10–12 Minuten grillen.

Zubereitungszeit ca. 30 Minuten
Pro Portion ca. 1310 kJ / 310 kcal
E: 15 g, F: 26 g, KH: 5 g

Lachspäckchen (Foto)

Zutaten für 4 Personen

- 2 Gewürzgurken
- 1 TL Senf
- 200 g fettreduzierter Frischkäse
- Salz, Pfeffer aus der Mühle
- 12 Scheiben geräucherter Lachs (ca. 250 g)
- 12 Scheiben runder Pumpernickel
- Halbfettmargarine zum Bestreichen
- Majoran oder Kresse zum Garnieren

1. Die Gurken fein würfeln, mit Senf und Frischkäse verrühren. Käsemischung mit Salz und Pfeffer abschmecken. Je 1 Teelöffel Käsemischung auf die Mitte der Lachsscheiben setzen. Den Lachs über der Füllung zusammenführen und etwas zusammendrehen.

2. Pumpernickel mit Margarine bestreichen und die Lachspäckchen auf die Brote setzen. Mit Majoran oder Kresse garnieren.

Zubereitungszeit ca. 15 Minuten
Pro Portion ca. 1560 kJ / 375 kcal
E: 27 g, F: 21 g, KH: 20 g

Gefüllte Radicchioboote

Zutaten für 4 Personen

- 2 kleine Köpfe Radicchio
- 3 Eier, hart gekocht
- 2 EL Paniermehl
- 1 TL Öl
- ½ Zwiebel, gewürfelt
- 40 g Kochschinken, gewürfelt
- Salz, Pfeffer aus der Mühle
- etwas Senf
- 1 EL Zitronensaft
- 3 EL Crème fraîche
- Zucker
- Curry

1. Radicchioköpfe längs halbieren, Strünke herausschneiden, den Salat waschen und trockentupfen. Je 1–2 Innenblätter entfernen. Die Radicchio-Schiffchen mit der Innenseite nach oben auf Teller verteilen.

2. Eier pellen. Eigelbe zerdrücken, Eiweiß fein hacken. Die Salat-Innenblätter fein hacken. Das Paniermehl im Öl braun rösten und mit Zwiebel, Schinken, Radicchio, Eigelb und Eiweiß mischen. Mit Salz, Pfeffer und etwas Senf abschmecken und in die Boote füllen.

3. Aus Zitronensaft, Crème fraîche, Zucker, Salz, Pfeffer und Curry eine Sauce rühren und auf die Boote verteilen.

Zubereitungszeit ca. 25 Minuten
Pro Portion ca. 600 kJ / 140 kcal
E: 8 g, F: 10 g, KH: 7 g

Chili-Calzonella

Zutaten für 4 Personen

200 g durchwachsener Speck

2 Zwiebeln

1 kleine rote Paprikaschote

1 Chilischote

1 Pk. gewürfelte Tomatenstücke (370 g)

1 EL Speisestärke

100 g Kidneybohnen (a. d. Dose)

100 g Mais (a. d. Dose)

1 EL Tomatenmark

Salz

Zucker

Cayennepfeffer

1 Pk. Frische Teige „Pizzateig"

etwas Mehl

1 kleines Ei, verquirlt

Backpapier

1. Den Speck würfeln und in einer Pfanne knusprig auslassen. Die Zwiebeln schälen, würfeln, hinzufügen und glasig dünsten. Die Paprika und die Chilischote putzen, entkernen, waschen, beides sehr klein schneiden, kurz mitrösten. Mit den Tomatenstücken aufgießen, leicht einkochen lassen. Die Speisestärke mit etwas Wasser anrühren und die Masse damit binden.

2. Die Bohnen und den Mais kurz abspülen, abgetropft zusammen mit dem Tomatenmark unterheben, mit Salz, Zucker und Cayennepfeffer abschmecken.

3. Den Backofen auf 200 °C vorheizen. Den Pizzateig in 8 Portionen teilen und zu Kugeln formen. Auf einer bemehlten Arbeitsfläche zu Fladen von etwa 16 cm Ø ausrollen, dann auf ein mit Backpapier ausgelegtes Backblech legen und mit dem Chili füllen.

4. Anschließend den Teig an den Rändern mit etwas verquirltem Ei bestreichen und zusammenklappen. Mit dem restlichen Ei bestreichen und mit einer Gabel vorsichtig einstechen. Die Calzonella im vorgeheizten Backofen etwa 15 Minuten backen.

Zubereitungszeit ca. 35 Minuten
Pro Portion ca. 1670 kJ / 400 kcal
E: 9 g, F: 23 g, KH: 38 g

Überbackene Kartoffeln

Zutaten für 4 Personen

6 dicke Kartoffeln, fest kochend
je 1 rote, gelbe und grüne Paprikaschote
1 Bund Petersilie
3 TL Öl
1 EL Tomatenmark
1 TL Pizzagewürz
12 Mini-Babybel
125 g Salami, in Scheiben

1. Die Kartoffeln unter fließendem Wasser abbürsten und mit der Schale kochen. Etwas abkühlen lassen, pellen und längs halbieren.

2. Inzwischen die Paprika halbieren, entkernen, waschen, trockentupfen und in sehr kleine Würfel schneiden. Die Petersilie waschen, trockentupfen, hacken und mit den Paprikawürfeln vermischen.

3. Ein Backblech mit einem Teil des Öls einfetten. Restliches Öl mit Tomatenmark und Pizzagewürz verrühren. Den Käse jeweils längs halbieren.

4. Die Paste mit einem Teigpinsel auf die Kartoffelscheiben streichen. Mit je 1 Scheibe Salami belegen und je 1 Teelöffel Paprikamix darauf häufen.

5. Jede Kartoffel mit einer Käsehälfte belegen. Unter dem vorgeheizten Backofengrill 3–4 Minuten gratinieren.

Zubereitungszeit ca. 30 Minuten
Pro Portion ca. 2050 kJ / 490 kcal
E: 24 g, F: 27 g, KH: 36 g

Tipp

Bereiten Sie aus der restlichen Paprika-Petersilien-Mischung und 500 g Tomaten einen Salat zu und servieren Sie ihn zu den Kartoffeln.

POTATO

Verzeichnis der Rezepte nach Kapiteln

Feine Toasts & Sandwiches

Verführerische Suppen

Salate & Gemüsegerichte

Bunte Nudelspezialitäten

Fleisch, Fisch & Geflügel

Snacks für Gäste

Verzeichnis der Rezepte in alphabetischer Reihenfolge

Foto- und Rezeptnachweis:
Adler Edelcreme: S. 32/33
Biskin Spezial: S. 28/29, 76/77
Bonbel: S. 48/49, 82/83
Bresso: S. 22/23, 48 u.
Brunch: S. 18/19, 34/35
CMA/Deutsche Butter: S. 14/15, 20/21, 22 u., 34 u., 68/69
CMA/Deutscher Käse: S. 26 u., 80/81
Deutsches Suppen-Institut, Bonn: S. 26/27, 30 u.
Deutsches Teigwaren-Institut: S. 54/55, 58/59, 60/61
Die lachende Kuh: S. 44/45, 66/67, 72/73
Enzym-Ferment-Getreide: S. 40/41
Erasco: S. 30/31
Homann: S. 42/43
Italienisches Institut für Außenhandel: S. 40 u., 54 u., 58 u., 60 u., 66 u., 84 u.
Kikkoman: S. 56/57
Kiri Kräuter: S. 14 u.
Lätta: S. 16/17, 84/85
Maggi Kochstudio, Frankfurt/M.: S. 70/71
Meggle: S. 16 u., 46/47, 52/53, 70 u., 74 u., 82 u.
Milkana: S. 64/65
Mini Babybel goldgelb: S. 12/13
Mini Babybel: S. 12 u., 20 u., 80 u., 88/89
Rotkäppchen: S. 10/11
Sanella: S. 86/87
Surig: S. 38/39
Unox: S. 74/75

Dieses Werk berücksichtigt die neue deutsche Rechtschreibung.

Die Ratschläge in diesem Buch wurden von Autoren und Verlag sorgfältig geprüft, dennoch kann eine Garantie nicht übernommen werden. Eine Haftung der Autoren bzw. des Verlags für Personen-, Sach- und Vermögensschäden ist ausgeschlossen.

© by Pabel-Moewig Verlag KG, Rastatt
Redaktion: Claudia Boss-Teichmann
Coverfoto: Erasco (Rezept Seite 30)
Alle Rechte vorbehalten
Printed in Germany
ISBN 3-8118-7630–9